INDISPENSABLE NÉCESSITÉ

DE LA

PHILOSOPHIE NATURELLE EXPÉRIMENTALE
INDUCTIVE,

POUR LA CONSTRUCTION ET LA CONSERVATION

DE

L'ANTHROPOLOGIE MÉDICALE;

PAR

le Professeur LORDAT,

OFFICIER DE LA LÉGION D'HONNEUR.

MONTPELLIER,
IMPRIMERIE DE RICARD FRÈRES, PLAN D'ENCIVADE, 3.

1858.

(EXTRAIT DES ANNALES CLINIQUES DE MONTPELLIER.)

INDISPENSABLE NÉCESSITÉ DE LA PHILOSOPHIE NATURELLE EXPÉRIMENTALE INDUCTIVE, POUR LA CONSTRUCTION ET LA CONSERVATION DE L'ANTHROPOLOGIE MÉDICALE.

DISTINCTION DE LA PHILOSOPHIE NATURELLE EXPÉRIMENTALE D'AVEC LA PHILOSOPHIE SPÉCULATIVE OU LATITUDINAIRE. — LE PUBLIC MÉDICAL D'UN LIEU SUIT LA PREMIÈRE ; PUBLIC MÉDICAL D'UN AUTRE QUI A PRÉFÉRÉ LA SECONDE. — COMPARAISON DES EFFETS QUE PRODUIT SUCCESSIVEMENT CHACUNE DE CES PHILOSOPHIES DANS SON LIEU RESPECTIF. — DÉSIR QUE LE PUBLIC MÉDICAL DE LA CAPITALE A MONTRÉ D'AVOIR UNE PHILOSOPHIE PLUS UTILE QUE LA SIENNE. — DISCUSSION DANS L'ACADÉMIE IMPÉRIALE DE MÉDECINE, OU L'ON EXPRIMA LE VOEU DE VOIR LE VITALISME HIPPOCRATIQUE S'ÉTABLIR DANS CETTE ENCEINTE. — AUTRES RÉCLAMATIONS PAREILLES. — VOEU QUE FORME UN MÉDECIN DE PARIS QUI NE VEUT NI LE CARTÉSIANISME, NI LE STAHLIANISME, NI LE VITALISME DE MONTPELLIER. — IL PRÉTEND QUE L'ANTHROPOLOGIE DE BACON EST LE SENSUALISME. — MANIÈRE DE DEMANDER LA PHILOSOPHIE NATURELLE EXPÉRIMENTALE DANS UN LIVRE DE M. LE PROFESSEUR CHOMEL. — APOTHÉOSE DE BICHAT. — EFFET QU'ON EN PEUT RETIRER PAR RAPPORT AU DÉSIR QUE NOUS AVONS DE POSSÉDER DANS NOTRE ENSEIGNEMENT LA PHILOSOPHIE NATURELLE EXPÉRIMENTALE. — INAUGURATION DE LA STATUE D'ÉT. GEOFFROY-SAINT-HILAIRE ; SON EFFET. — APPRÉCIATION DE L'ENSEIGNEMENT DE MONTPELLIER, PAR UN CONNAISSEUR TRÈS-COMPÉTENT. — CONCLUSIONS.

MESSIEURS,

L'Affiche des Cours qui s'ouvrent dans la Faculté de Médecine, pour le premier Semestre de l'Année Scolaire, vous a fait connaître que mes premières Leçons auront pour objet de vous prouver que la Philosophie Naturelle Expérimentale Inductive *est indispensable pour la construction et la conservation de la Physiologie Humaine Médicale.*

En désignant la Philosophie dont nous énonçons la nécessité pour la Science que vous venez étudier, nous avons réuni les caractères qui doivent la distinguer : ces caractères sont les qualités *naturelle, expérimentale, inductive*. N'allez pas croire, Messieurs, qu'elles soient des épithètes emphatiques, élogieuses ou honorables : ce sont des attributs spécifiques indispensables. Nous ne pouvons pas ne pas désigner ainsi la Philosophie dont nous avons un si grand besoin, parce que, dans la Littérature, se trouvent des collections méthodiques d'idées disposées en faveur d'opinions qui, par une extension vicieuse de la langue, ont été nommées des Philosophies, quoiqu'elles ne soient ni *naturelles*, ni *expérimentales*, ni *inductives*.

Or, quand ces collections sont évidemment des façons de voir particulières, et nullement des vérités divinement révélées, elles sont regardées comme non avenues; si elles sont en opposition avec des vérités naturelles, elles sont repoussées inexorablement; si elles sont révélées, elles ne sont jamais contraires aux vérités naturelles; et si elles sont incohérentes avec ces vérités, elles sont toujours écartées avec respect de la Philosophie, qui est du ressort de notre Enseignement : les réalités apprises par la Foi Théologale ne doivent pas être comprises dans les vérités acquises par la raison.

Distinguons donc bien la Philosophie Naturelle, Expérimentale, Inductive, d'avec les Philosophies Opinionistes ou Spéculatives. La première étant la seule qui nous paraisse mériter ce nom, sera souvent, dans notre langue, la *Philosophie*, sans adjectif ; tandis que les Philosophies Spéculatives seront caractérisées par les opinions qui ont usurpé ce titre.

Depuis deux cents ans, le Public Médical de Paris, ayant renoncé à la Médecine Hippocratique, n'a paru désirer une Méthode que pour disposer communément une Nosologie Humaine. Une Pathologie Naturelle n'était pas plus possible qu'une Anthropologie supportable.

Il y a douze ans qu'un Observateur touriste disait des Médecins de la Capitale : « Ils ne sont pas plus difficiles
» sur les diverses Philosophies Spéculatives, que les Na-
» turalistes ne le sont pour les Méthodes artificielles
» de Classification. Ainsi, pour eux la somme des Sys-
» tèmes Médicaux constitue une Philosophie Latitudi-
» naire dans laquelle on parle conformément au refrain
» de la Chanson de Boufflers :

« Tous les goûts sont dans la Nature,
» Le meilleur est celui qu'on a. »

Depuis quelques années ils ont considéré la chose d'une manière plus sérieuse. La forme parlementaire des Séances de l'Académie Impériale de Médecine en est vraisemblablement la principale cause. Ils se sont aperçus que la plupart des questions physiologiques et pathologiques n'ont pu s'éclairer qu'au moyen de quelques justes notions de la Doctrine Hippocratique de la Constitution de l'Homme.

Ce progrès marche, mais avec lenteur. La majorité n'a pas encore pris son parti. On est à présent persuadé que toutes les Philosophies ne sont pas indifférentes, qu'il y en a de bonnes et de mauvaises : mais on reste incertain sur le choix.

Que je me félicite d'appartenir à un Corps Enseignant dont les Membres ne sont pas exposés au supplice d'une telle perplexité !

Il est vraisemblable que l'Académie, déjà sollicitée à plusieurs reprises, s'expliquera au moyen d'une Discussion publique. Il est impossible qu'une telle Conférence solennelle ne soit pas instructive pour vous et pour moi : comme le sujet n'est pas neuf pour nous, j'ai pensé que quelques Leçons seraient utiles pour nous mettre en état de saisir l'esprit des contestations et d'en comprendre toute la portée. Mais en vous exhortant à suivre cette discussion délibérative, il faut bien que je vous instruise des connaissances d'après lesquelles notre Faculté n'est pas dans le doute, et, par conséquent, il faut que vous ayez une idée exacte de la Méthode qu'elle a suivie dans cette acquisition. Voilà ce qui sera le sujet de la Première Partie de mon Cours actuel.

N'entrons pas en matière dans cette Première Séance, et contentons-nous de jeter un coup d'œil comparatif sur les existences successives, annuelles, de deux Enseignements médicaux, dont l'un cherche une Philosophie depuis quelque temps, et dont l'autre a senti de bonne heure la valeur de la Philosophie Naturelle Expérimentale, et n'a jamais cessé de penser, de parler et d'agir, d'après les règles de cette Méthode.

Vous savez que l'Hippocratisme a brillé à Paris dans le XVIe siècle et dans la première moitié du XVIIe. Le nom de FERNEL a contribué à l'illustration du premier, le nom de BAILLOU à celle du second. Malgré l'autorité de ces illustres Apôtres, le Cartésianisme détruisit cette Anthropologie. Montpellier fut plus heureux : il résista à la nouvelle Philosophie Hypothétique et profita de cet événement pour renforcer la vieille Philosophie Expérimentale qui était la sienne. — D'où peut venir une telle différence de conduite dans les mêmes circonstances? — C'est, sans doute, qu'à Montpellier, la Médecine était la grande affaire de la vie sociale des Lettrés, parce que la Science de l'Homme y est étroitement liée avec l'éducation commune; et qu'à Paris la Médecine des Beaux-Esprits était la plus insignifiante des Sciences. Si elle était devenue celle que MOLIÈRE a dépeinte, les Parisiens n'auraient pas eu tort.

Quand on ne vit dans la catégorie des Êtres Vivants que l'*Ame* Humaine, et que la Vie commune fut considérée comme un mode du Mécanisme, le Matérialisme s'en prévalut, et prétendit que l'Instinct, phénomène purement physique, n'était qu'un diminutif de l'Intelligence.

L'Anthropologie Hippocratique étant éclipsée, les Esprits forts ne trouvèrent, dans tout Être Vivant, qu'une *sensibilité* identique, pure qualité accidentelle, et le Hylozoïsme fut proclamé. DIDEROT, HOLBACH, HELVÉTIUS s'unirent avec les Docteurs DE LA METTRIE et CABANIS pour professer cette Doctrine. A Montpellier, le Matérialisme est inconnu; si l'on entend quelques paroles en faveur de cette opinion, ce n'est guère que dans l'Asile des Aliénés.

Que pouvait être l'Enseignement Médical de Paris? — C'était l'Enseignement de l'Anatomie Humaine avec toute l'étendue et la profondeur dont elle est capable, et l'Académie de Chirurgie en profitait pour continuer la partie mécanique du Livre d'Ambroise PARÉ. Mais comme l'Anatomie ne fournit pas à notre raison les notions suffisantes pour nous faire apercevoir les Causes ni de la Vie commune, ou animale, ni de la Vie Intellectuelle; qu'elle ne nous explique ni la santé, ni *les maladies*, ni la liaison des moyens de guérison avec les phénomènes morbides.....:

il a dû y avoir une lacune énorme entre la contemplation des organes et l'Histoire de la Vie Humaine complète. La Pratique a dû être purement empirique.

La Philosophie Latitudinaire, de ce même Public, a dû inviter les Intelligences actives à remplir ces vides par des Théories Hypothétiques. Il est survenu un assez grand nombre de systèmes qui ont fait quelque bruit. Chacun a fait son temps dans la Capitale, et a disparu quand le suivant a été ou paru plus neuf.

Les choses se sont passées bien autrement à Montpellier. Je me proposais de vous dire ce que notre Enseignement est et a toujours été, pour le mettre en parallèle avec ce qu'était celui de la Capitale, à l'époque dont je parle : mais nous avons entendu, vous et moi, de la bouche de M. le Recteur Donné, il y a huit jours, dans cette même Chaire, tout ce que j'avais l'intention de vous faire connaître. Pour vous et pour moi, je m'en rapporte à vos souvenirs qui vaudront mieux que mes froides redites. Il me suffit donc de vous dire que l'Anthropologie Hippocratique n'est nullement vide, mais qu'elle est, au contraire, une source active d'indications. Les Praticiens ne sont jamais réduits à un pur Empirisme, parce que les Puissances cachées de la Vie Humaine fournissent sans cesse des motifs raisonnés d'agir, soit en Hygiène, soit en Thérapeutique. Depuis soixante et un ans que j'observe l'Enseignement et la Pratique de Montpellier, je n'ai pas vu un des Systèmes Hypothétiques dont je viens de parler s'y arrêter quelques instants. Ces Systèmes ont été ici des figures d'une Lanterne Magique, qui ont passé, sans que personne ait tenté de suspendre la marche d'une seule.

Ce contraste n'avait pas été inaperçu à Paris même, où

cependant on est peu curieux de ce qui se fait ou se dit en Province; et quelques-uns de ceux qui l'avaient remarqué formaient une sorte d'opposition.

Vous souvenez-vous, Messieurs, de ce qui s'est passé, il y a bientôt deux ans, à l'Académie Impériale de Médecine, à l'occasion d'un Mémoire où l'on cherchait à essayer une Théorie de la Folie? Un Académicien, Rapporteur, se trouva être un Médecin qui avait suivi quelque temps l'Enseignement de Montpellier. D'après cette circonstance, il fut en état de parler sensément sur les Affections de cette nature, et sur celles qui ont des analogies avec les premières, mais qui ne sont pas identiques; Affections exclusivement nées dans les Deux Puissances Dynamiques de l'Homme; Affections, enfin, pour la création desquelles les parties anatomiques n'interviennent qu'accidentellement ou occasionnellement. Parmi les Adversaires, il y en eut qui, étant restés dans la sphère anatomique, ne purent pas toucher le fond de la question. Il s'en trouva qui étaient assez Psychologistes pour que les Contendants pussent se comprendre; mais ces Psychologistes n'avaient pas étudié assez la Force Vitale et ses Instincts, pour bien distinguer les Morosophies d'avec les Aliénations Mentales.

A cette occasion, une grande partie des présents (qui étaient fort nombreux) manifesta une préférence pour le Vitalisme, par conséquent une prédilection pour la Philosophie qui s'y rapporte, sans en désigner les caractères, mais en montrant un éloignement pour l'Organicisme.

Entre les Orateurs qui furent pour le Rapporteur, il y en eut plusieurs qui parlèrent avec une vraie connaissance du sujet, montrèrent un consciencieux désir d'amener le Vitalisme, l'Anthropologie Hippocratique, la Dualité du Dynamisme Humain, dans le sein de l'Aca-

*

démie. Celui qui se présente le premier à mon souvenir, c'est M. PARCHAPPE. Il fit sensation, parce qu'il est Aliéniste, et qu'en se rendant compte de tout ce qui se passe dans les maladies qu'il doit traiter, il a étudié la Constitution de l'Homme au moyen de la Méthode Hippocratique, c'est-à-dire, par les procédés de la Philosophie Naturelle, Expérimentale, Inductive. C'est cette *expérience* qui lui a fait connaître les Deux Puissances du Dynamisme Humain. Si, dans les premières études, il avait trop compté sur l'Anatomie, l'*expérience* a dû lui apprendre que, dans les maladies dont il a voulu s'occuper, il n'a pas pu se dispenser d'aller à la recherche des Causes Métaphysiques de la Vie Humaine qui sont les Auteurs de la santé et de la maladie, les Principes de la raison et de l'extravagance, les Êtres susceptibles de la responsabilité et de l'irresponsabilité.

Ce sont les paroles des Orateurs de ce genre, qui ont éclairé la grande majorité de l'Auditoire et l'ont déterminée à demander une **Philosophie Médicale** VRAIE. Mais cette majorité, qui sait ce qui ne lui convient pas, n'exprime point explicitement ce qui lui convient; elle demande que l'Académie s'en occupe elle-même, et elle attend une discussion *ad hoc*.

Entre les Pétitionnaires, je distingue un Médecin Homme d'esprit, Spiritualiste soit par conviction Philosophique, soit par Foi théologale. Sa demande se rapporte moins à la Médecine qu'à l'intérêt de la Psychologie Rationnelle. Il avait commencé par être Stahlien; mais il n'ose plus proposer l'Animisme de STAHL, parce que certains Solidistes qu'il nomme ont repoussé cette Doctrine suspecte. Comme il aime beaucoup le Spiritualisme de DESCARTES, il est vraisemblable que c'est à ce Philosophe qu'il donnerait la préférence à tout autre. Mais il ne veut pas le Vitalisme de Montpellier. Le motif mérite quelque attention : ce motif est que Barthez a dirigé l'Enseignement de notre Faculté d'après la Philosophie de Bacon. Or, Bacon, — dit-il —, a prêché le *Sensualisme*, c'est-à-dire, le Matérialisme.

Je le félicite de posséder, dans son entendement, la connaissance de ce qu'il y a de plus noble dans le Dynamisme Humain. Je le félicite surtout, s'il en a étudié, non-seulement la partie Chrétienne, mais encore la partie Philosophique. Mais il est malheureux pour nous qu'il se soit mépris si singulièrement sur l'Enseignement de l'Anthropologie dans la Faculté de Médecine de Montpellier. Je ne puis pas l'en plaindre lui-même : on n'a pitié que de ceux qui sont dans une ignorance invincible. Notre Détracteur a trop d'intelligence et de sagacité, pour n'être pas capable de s'éclairer, sur cette matière, dès qu'il voudra triompher de ses antipathies, et connaître par lui-même la véritable Doctrine de notre École. Il ne lui sera pas plus difficile de connaître la Philosophie de Bacon, laquelle n'a pas le moindre rapport avec le *Sensualisme* matérialiste.

Je cherche à vous préserver autant que je le puis des préventions injustes dans la Science. Rappelez-vous que l'Enseignement de Montpellier est l'Anthropologie Hippocratique; que, dans cette Didactique, le Dynamisme Humain est composé de deux Puissances métaphysiques; que l'une de ces Puissances est une substance unitaire, indivisible, intelligente, incorporelle, responsable, dont la vieillesse n'est pas naturellement attachée à sa durée ; que cette Puissance est insénescente ; que l'autre Puissance est une substance unitaire, mais non indivisible ;

non intelligente, mais douée d'instincts; irresponsable, caduque, soumise à une vieillesse infaillible, et par conséquent à la mort. Ce que j'énonce est une vérité expérimentale, qui est directement en opposition avec le *Matérialisme*, pure opinion arbitraire, sans la moindre vraisemblance.

C'est sans doute pour s'en être rapporté à feu M. DE MAISTRE, que notre Adversaire a dit que BACON est *sensualiste*. C'est une fausseté grossière. Dans les livres du Chancelier d'Angleterre, la Doctrine du Dynamisme Humain est tout-à-fait selon l'esprit de la Métaphysique Expérimentale, entièrement conforme à la Doctrine Hippocratique de la Constitution de l'Homme. J'espère que quand vous aurez honorablement quitté les bancs, vous aurez le loisir de lire les OEuvres de BACON, et il vous sera aisé de vérifier ce que je viens d'énoncer. Pour que vous ne soyez pas obligés de rester dans le doute jusqu'à cette vérification, je vous prie de lire le livre que M. DE RÉMUSAT vient de publier, et qui a pour titre : BACON, *sa vie, son temps, sa philosophie et son influence jusqu'à nos jours*. L'Auteur de cette vie est aussi impartial et exact que profond. Son livre semble avoir été fait dans l'intérêt de la Doctrine qui est l'Ame de la Médecine. La personne de BACON nous est indifférente. La Philosophie et les services que nous désirons en tirer, voilà toute notre intention. Faites de sa mémoire tout ce que vous voudrez; mais gardez-vous de vous priver des talents que DIEU avait mis dans la raison de ce personnage, pour les intérêts de ses successeurs.

M. le Professeur CHOMEL a publié, en 1856, une quatrième édition, *considérablement augmentée*, de ses Éléments de Pathologie Générale. Entre les additions, on a remarqué, au commencement de la Thérapeutique de ce Livre, quelques idées sur la Constitution de l'Homme, témoignant un goût décidé pour la Philosophie Hippocratique, qui est la Philosophie Naturelle Expérimentale dégagée de toute hypothèse. L'Auteur reconnaît, dans l'Être Humain, cette Force Vitale ou *Nature* Hippocratique, qui n'est ni l'Agrégat matériel, ni l'Ame Pensante; qui est le Principe de la santé, de la maladie, et la Faculté Médicatrice. Il ne veut pas qu'elle soit conçue ni à la manière de van Helmont, ni à la manière de Stahl, ni à la manière des Solidistes : il la considère comme la considérait Sydenham. Vous savez, en effet, que l'Hippocrate Anglais la regardait comme un *homme interne* analogue à *l'homme externe* : comparaison faite primitivement par le Père de la Médecine. Quand M. Chomel parle de la Force Vitale Humaine, il semble avoir voulu propager des vérités médicales qu'il venait d'entendre ou de Cos ou de Montpellier.

Dans la Préface de cette quatrième édition de ce même Livre, l'Auteur nous fait connaître les divers motifs qui l'ont engagé à composer cet Ouvrage. Le dernier dont il parle est ainsi exposé par lui : veuillez l'entendre. Le but
« a eu un autre résultat encore : celui de faire connaître
» à tous, étrangers ou nationaux, ce qu'on peut appeler la
» Doctrine de l'École de Paris, dont il est la simple ex-
» pression. Cette Doctrine se distingue des autres, non par
» une de ces théories quelquefois brillantes et *toujours*
» *erronées* qui prétendent expliquer, à l'aide d'une hypo-
» thèse, tous les Phénomènes de la Vie ; mais, par une
» tendance constante et une impulsion active vers ce qu'il
» y a de positif en Médecine, c'est-à-dire, les faits bien
» observés et les circonstances rigoureuses qui en dé-

» coulent. Elle se montre dans tous les écrits, dans tous
» les Cours publics et particuliers ; elle existe dans la
» pensée de tous : Professeurs, Académiciens, Médecins des
» Hôpitaux, Praticiens de la ville et de la campagne. C'est
» la Doctrine du bon sens et du progrès, et je ne sache
» pas que l'École de Paris ait, sous ce rapport, rien à
» envier aux Écoles anciennes et contemporaines. »

Ce qui est dit ici de cette École me paraît supposer qu'elle a une Philosophie constante sous le rapport de la Constitution de l'Homme, et qu'elle professe la Force Vitale Humaine comme Hippocrate, Sydenham, Barthez et M. Chomel. Mais M. le Docteur Auber le conteste dans une Analyse qu'il a faite de ce Livre pour la *France Médicale* ; voici ses premiers mots :

« Nous maintenons qu'on aurait bien de la peine à se
» faire une idée vraie de la Doctrine de l'École de Paris,
» si l'on se tenait à la profondeur des paroles de M. Chomel ;
» mais nous reconnaissons en même temps qu'il y a quelque
» chose, dans le livre du savant Professeur, qui dépeint
» assez bien le caractère de l'École à laquelle il appar-
» tient ; ce quelque chose, c'est le vide, c'est le vague,
» c'est le décousu qui règnent partout..... Sous ce rap-
» port, l'École de Paris est véritablement peinte d'après
» nature. Ainsi : faits et observations partout ; Philosophie
» nulle part. »

Quoi qu'il en soit, M. Chomel proclame implicitement la nécessité d'une Anthropologie Hippocratique, qui est établie sur la Philosophie Naturelle Expérimentale. Si le Public Médical de Paris la professe à présent, il l'a rappelée, et c'est un progrès. Si cela n'est pas exact, c'est un chantage vertueusement patriotique qui s'associe à la cause que je défends.

Il est curieux d'examiner le résultat d'un événement qui semblait être propre à calmer pour un temps les vœux impatients de ce même Public inquiet.

Cet événement est l'inauguration de la Statue de Bichat dans la cour de la Faculté de Médecine de Paris, sorte d'Apothéose qui exprime aujourd'hui le suprême honneur que les hommes les plus éminents puissent attendre après leur mort.

Les monuments publics de ce genre n'ont été faits que pour une utilité générale. Quand une grande École vient de montrer un si magnifique témoignage de reconnaissance publique à un individu, ce ne peut être que pour des motifs très-louables. Des Optimistes recommandables ont dit que quelles que soient les intentions initiatives, la Providence dirige toujours les résultats en faveur du bien général.

Ce sentiment religieux me plaît; occupé comme je le suis de vous faire connaître combien l'application de la Philosophie Naturelle Expérimentale Inductive est nécessaire pour une Anthropologie Médicale, je dois chercher si la Solennité dont il s'agit fournit quelque chose pour ma thèse.

Le Héros de cette fête était un jeune Anatomiste (Élève du célèbre Chirurgien Desault), doué de belles qualités sociales, d'intelligence et du caractère le plus aimable. — Son amour pour l'Anatomie fut chez lui ce que j'ai nommé ailleurs, un TYPE GNOMIQUE *primordialement distinctif.*—Ce penchant inné, fut favorisé par deux circonstances, qui lui firent croire que toutes ses actions, faites pour satisfaire ce goût, étaient des actes de vertu. — Pendant son éducation de Collége, la Philosophie de Condillac a dû le diriger vers le *Sensualisme* Matérialiste.

-- Ses premières Études Médicales ont été celles qu'il pouvait retirer des Leçons et des exemples de son Maître. — Tout ce qu'il a vu d'essentiel dans la Science de l'Homme a été le Corps Humain ; tout ce qu'il a vu de plus patent en Médecine a été la Chirurgie. Or, où sont les sources de l'Anthropologie et de l'Art salutaire ? Pour lui ce ne peut être que dans l'Anatomie. — Donc, il ne pouvait pas donner un coup de scapel sur un cadavre, qui, dans sa conviction, ne fût une œuvre profitable à l'avancement de la Science.

Le Public, admirateur de cet aimable Modèle, accepta toutes ses préventions, et attendit de ses travaux des résultats inouïs pour la Médecine. BICHAT, animé par ses succès, se livra au travail avec une ardeur prodigieuse. Aussi, à 30 ans, il avait publié onze volumes *in-octavo*. Ce surcroît de préoccupations et de recherches ruina sa santé, et l'intéressant Auteur mourut à la fleur de l'âge.

Quel a été le fruit médical de tant d'efforts ? — Il fallait perfectionner la Science de la Constitution de l'Homme. L'Homme, comme tout Être Vivant, est composé d'un Agrégat corporel organisé, et d'un Dynamisme animateur. BICHAT étudia beaucoup l'Agrégat Matériel mort. Il donna à la démonstration des parties une certaine originalité. De plus, il s'occupa profondément de l'analyse des tissus. Il appela *Anatomie Générale* ce que l'on appelait auparavant l'*Anatomie des parties similaires*, et que l'on nomme à présent l'Histologie. BICHAT l'avait fortifiée par les moyens mécaniques et chimiques. Ses successeurs l'agrandissent par la Micrographie et l'usage du *Photophore*.

Quoique l'Étiologie soit devenue riche par les travaux

des Chimistes et des Opticiens, n'oublions jamais ce qui est dû à Bichat.

Mais qu'a-t-il fait pour l'autre partie de la Constitution Humaine, pour la Science de son Dynamisme, pour la Théorie de la Vie de l'Homme bien portant et de l'Homme malade?

Ce serait le flatter que de dire qu'il n'a rien fait d'utile. La vérité est qu'il a fait, innocemment, beaucoup de mal, en répandant vers toute la sphère de ses Admirateurs, ses opinions attachées à son amabilité, à ses séduisantes qualités comme à un véhicule. Ses croyances et ses incrédulités étaient exactement le contraire de ce que la Philosophie Naturelle Expérimentale enseigne, positivement et négativement, dans l'Anthropologie Médicale Hippocratique.

La Philosophie Expérimentale reconnaît dans la Nature non-seulement des substances matérielles, appréciables à nos Sens, mais encore des substances supra-sensibles, tout aussi actives que les corporelles. Suivant cette Philosophie, quatre Éléments ou Principes bien distincts de l'Univers sont reconnus par l'expérience : la Matière, la Puissance Vivante, la Puissance douée de sensibilité et l'Ame Pensante. Dans le moyen âge, on disait à l'École et dans les Facultés de Médecine : — *Quatuor Principia:* esse, vivere, sentire, intelligere.—Aujourd'hui même, un savant et spirituel Physicien de l'Institut, M. Babinet, met en tête de sa Science de la Nature : *la Matière, la Vie, l'Instinct, l'Ame Pensante.*

Que pense et qu'enseigne Bichat? — Il ne voit dans le monde d'autre substance que la Matière. Le cadavre et le vivant sont identiques pour la substance. La vie n'est que l'effet d'une qualité accidentelle que Dieu a jointe à une certaine organisation. Cette qualité, résultat de l'arrangement des tissus, est divisée en deux modes, dont l'un est la sensibilité et l'autre la Contractilité. — Ces deux modes sont appelés des *Propriétés Vitales*. Ces *Propriétés Vitales* sont susceptibles de plus ou de moins d'intensité suivant les êtres de différentes espèces, et suivant les altérations des tissus qui surviennent dans chaque individu. — *Sensibilité* et *Contractilité*, voilà les seules sources auxquelles il faut recourir pour tout expliquer en Physiologie.

Mais d'abord, en causant avec le petit nombre des Histologistes que j'ai connus, et en leur demandant d'où proviennent les tissus, j'ai entendu ces réponses : Que les tissus, analysés par les procédés de l'Histologie subtile, présentent des éléments merveilleux ; — que la matière inanimée est incapable de produire de pareils prodiges ; — que cette organisation ne peut provenir ni de la Physique, ni de la Chimie ; — qu'elle ne peut être faite que par l'opération d'une Puissance Vitale ; — que cette Puissance peut résider long-temps dans des tissus fort dégradés ; — que les tissus les plus parfaits peuvent perdre la vie. — La conclusion la plus rigoureuse est que les tissus histologiques ne peuvent provenir que d'une substance immatérielle, inintelligible, mais instinctive, unitaire.

Ceux qui ont réfléchi sur la complication de toute vie animale et générale, et en particulier sur la Vie Humaine dont la transcendance est si accablante, voient en pitié des explications aussi insignifiantes qu'une Sensibilité, une Contractilité, proposées par les Solidistes antérieurs.

Le premier mouvement de la Raison Humaine a suggéré de bonne heure quelque réflexions plus sensées et plus profitables. Le Sens Commun vous dit, par la

bouche des Disciples d'Hippocrate : « Puisque l'Homme
» naît de l'Homme, il ne provient pas du Monde inanimé.
» — Quand son existence a commencé, il était une Puissance
» Mystérieuse, dont nous voyions la région, mais que nous
» ne pouvions ni voir, ni concevoir elle-même.— Quoiqu'elle
» ne frappe point nos Sens, reconnaissons-en la réalité
» quand les prodromes, expérimentalement reconnus,
» nous l'apprennent.—Gardons-nous d'ignorer ni de mé-
» connaître ce qu'elle est capable de faire.—Attendez-vous
» à voir, avec une certitude *non physique*, mais *morale*,
» ce qu'elle opérera. — Elle va faire un Agrégat, d'une
» configuration pareille à celle des parents ; des instru-
» ments, des tissus ; elle en conservera les formes et la
» crase, malgré la corruptibilité de leur substance chi-
» mique. — Ne soyons pas assez simples pour dire que ces
» parties de l'Agrégat se sont formées d'elles-mêmes. — Si
» quelqu'un appelle les tissus, ou leurs phénomènes tran-
» sitifs, des *Propriétés Vitales*, ne chicanons pas sur cette
» dénomination, mais ne perdons pas un instant pour nous
» mettre en état d'avoir une idée du *Propriétaire* de ces
» propriétés ; de savoir ce qu'il est, s'il est unitaire; s'il est
» à la fois unitaire et multiple. — Quand nous aurons une
» notion utile de ce *Propriétaire*, sachons, par l'observation
» et par l'expérience, comment nous pouvons l'aborder.
» — Souvenons-nous que lorsque nous voudrons agir sur
» quelque *propriété*, il serait aussi imprudent qu'injuste
» de l'entreprendre, sans savoir comment l'entend et le
» permet ce Créateur, ce Maître, ce Conservateur, cet
» Exploiteur de tout le Domaine. »

Ces suggestions du bon sens, implicitement renfermées
dans l'Encyclopédie Médicale Galénique de dix-sept siècles,

et dans l'article de M. Babinet, sont le croquis allégorique de la Médecine Hippocratique.

Bichat n'a pas eu la moindre étincelle de cette raison scientifique, qui cherche à deviner les Causes cachées, par leurs seuls effets, et sans aucune fiction imaginaire. Aussi un des honorables Panégyristes qui ont parlé dans la Fête de l'Inauguration, a caractérisé l'Anthropologie de Bichat, en disant, sans détour, que les explications des phénomènes de la Vie Humaine sont les « Méthodes Philosophiques de Bichat, Méthodes qui, au » fond, résument celles de la Philosophie du xviiie siècle. » Vous n'avez pas oublié que celle-ci est le *Matérialisme*.

Et, en effet, *l'ensemble des fonctions qui résistent à la mort*, est une formule identique avec celles-ci : *Essence des confections en pharmacie, et des confitures en magasin de comestibles*, EST L'ENSEMBLE DES CONDITIONS QUI RÉSISTENT A LA POURRITURE. — Je suis persuadé que ces analogies ont dû plaire beaucoup à Cabanis et à toute l'École Philosophique du xviiie siècle.

Bichat ne put pas s'élever au-dessus de l'Anatomie, et de la notion des maladies de réaction, qui forment l'essence des maladies dites chirurgicales. Les Affections de la Force Vitale, les Maladies Nerveuses, les Maladies de l'Instinct, les Maladies Mentales, les Aberrations qui intervertissent les lois normales de l'Alliance des Deux Puissances...., ne peuvent pas même être exprimées par le mesquin Dictionnaire des *Propriétés* de Bichat.

Quant à la Thérapeutique des Maladies conçues d'après une telle Anthropologie, elle n'a pu concorder avec ce piètre Dynamisme. La Médecine Broussaisienne, les sangsues et l'eau de gomme, ont pu suffire pour la Matière Médicale d'une telle Clinique. — Aussi qu'est-elle devenue ?

Recueillons de cette imposante Cérémonie, du mérite du Héros, de ses labeurs, de ses efforts, de son impuissance, des éloquents Discours qui ont honoré la Fête, des talents avec lesquels les Auteurs ont cherché à justifier le Culte nouvellement établi...., recueillons ce que nous pouvons en avoir tiré pour le point d'instruction qui va m'occuper. Pour moi, j'y ai trouvé une forte preuve de la vérité énoncée dans le sujet de ce Cours, qui est qu'on ne peut concevoir une Médecine raisonnable, fructueuse et durable, que lorsqu'elle est fondée sur une Anthropologie déduite de l'étude de l'Homme, au moyen de la Méthode de la Philosophie *Naturelle*, *Expérimentale*, *Inductive*.

De toutes parts j'entends que cette vérité se répète. Après l'Apothéose de BICHAT, je vois, dans les Journaux de la Capitale, que l'on prie instamment l'Académie Impériale de Médecine de s'expliquer sur la Philosophie dont la Médecine a besoin : BACON et DESCARTES *devant l'Académie*, publie-t-on dans la *Gazette Médicale de Paris*.

Dernièrement, un Amateur, compétent, qui avait été Auditeur de huit Discours prononcés pour l'Inauguration de la Statue de feu Étienne GEOFFROY-SAINT-HILAIRE, à Étampes, écrit à un ami : « Tous ces Discours louaient et » glorifiaient la Synthèse et la Philosophie. Sauf quelques » passages, par-ci par-là, que vous auriez trouvés un peu » hérétiques, c'était du Montpellier tout pur, du Mont- » pellier, momentanément transplanté dans Étampes. »

Ce parfum de Montpellier, MESSIEURS, partait vraisemblablement du *Quatrième Règne* de la Nature, établi par le fils du demi-Dieu. Il est certain que l'idée essentielle qui déclare l'émancipation de l'Homme, qu'on avait associé avec les Primates, est la base de l'Anthropologie

Médicale Hippocratique. Cette grande vérité nous force à distinguer l'épopée de l'Ame Pensante, d'avec celles des Forces Vitales zoologiques; la Force Vitale humaine, d'avec les Dynamismes des bêtes, et par conséquent la Médecine Clinique, d'avec la Médecine Vétérinaire. Comme il est impossible que des pensées pareilles ne s'introduisent pas dans l'Académie des Sciences actuelles de l'Institut, l'*association des idées* doit rendre indissolubles les notions suivantes : HIPPOCRATE ; Dualité des Puissances dynamiques chez l'Homme ; GEOFFROY-SAINT-HILAIRE ; Médecine de Cos; Montpellier, etc.

Il y a quatre-vingts ans que BARTHEZ a publié son Discours Préliminaire : *Des Principes fondamentaux de la Méthode de philosopher dans les Sciences Naturelles.* C'est à présent que je trouve, dans des ouvrages de Médecine d'Auteurs qui n'ont pas été élevés dans cette Faculté, divers passages de ce Discours transcrits pour Épigraphes.

MESSIEURS et très-chers Élèves, Montpellier entendit les conseils de ce grand Maître qui joignait à ses avis les exemples fructueux relatifs. Son École n'a pas encore pu employer tout son temps pour avancer : elle a dû beaucoup travailler pour se défendre des ennemis externes et internes. Sa lutte n'a pas été faite pour la gloriole : elle a combattu pour son existence et pour la racine et la tige de la Science. Le souvenir de cette guerre, de laquelle je n'ai pas été un simple témoin passif, a eu pour résultat ce que j'avais tant désiré. Je ne vais pas renouveler mes anciens vœux : j'aime mieux vous réciter les paroles qu'un Historien très-impartial a répandues par la presse au sujet de cette Faculté, lorsqu'il a pu l'explorer après les dangers qu'elle avait essuyés.

« Je venais d'assister pendant deux mois à un Concours

» devant la Faculté de Médecine, Concours plein d'intérêt
» pour moi..., car je voyais pour la première fois le
» spectacle d'une École dans laquelle Maîtres et Élèves
» marchent sous le même drapeau, sous l'autorité in-
» contestée du Père de la Médecine, se ralliant au même
» mot d'ordre (le Vitalisme), et professant les mêmes
» Doctrines. Spectacle rare de nos jours, curieux et tou-
» chant à la fois, que ce Culte rendu à Hippocrate, dans
» ce Sanctuaire du Spiritualisme! On peut ne pas partager
» les Doctrines de la Faculté de Montpellier, on ne peut
» pas lui contester le titre d'École qu'*elle* SEULE *peut-être*...
» mérite encore aujourd'hui. » — Celui qui parle ainsi
n'est pas un homme élevé dans cette Faculté ; c'est celui
que le Gouvernement a chargé d'inspecter, pendant plusieurs années : c'est M. Donné.

La déclaration d'*un consentement universel d'une nom-
breuse Compagnie, dont tous les Membres sont compétents*,
est un puissant préjugé de vérité en faveur de la science
que vous étudiez, que la Philosophie Naturelle Expérimentale avait construite, et que nous cherchons à perfectionner dans votre intérêt au moyen de la même Méthode. Cette déclaration me suffirait quand même je
n'aurais pas consacré ma longue vie à l'exposition de
cette Anthropologie, seule base de l'Art Salutaire.

Oui, le souvenir de cette déclaration me charmera dans
les derniers moments qui me conduiront au sommeil
éternel, parce qu'elle me rappellera le concours harmo-
nique d'un Enseignement où j'ai long-temps fait ma partie,
et qu'elle m'assurera de la constance des Collègues dont je
me séparerai, et de la continuité de cette même instruction
pour la génération présente qui m'est toujours si chère.

www.ingramcontent.com/pod-product-compliance
Lightning Source LLC
Chambersburg PA
CBHW070455080426
42451CB00025B/2750